Creación

A
TODO COLOR

Por Lucy Moore

Ilustrada por Honor Ayres

GRUPO NELSON
Una división de Thomas Nelson Publishers
Desde 1798

NASHVILLE   DALLAS   MÉXICO DF.   RÍO DE JANEIRO

Imagínate una época en

Ni papeles, ni aulas, ni maestras, ni salas.

Ni patios con juegos, ni canchas, ni sol.

¡Ni playstations! ¡Ni muñecas! No había diversión.

la que no había nada.

Todo era frío, sombrío, lóbrego y solitario.
La superficie de la tierra era tan sólo
una escalofriante, burbujeante y movediza masa de barro.

Pero sobre esta masa oscura

¿**a**divina quién rondaba?
El Espíritu de Dios, como un ave en su morada,
observando y esperando con mucha atención
el momento de comenzar su gran obra de Creación.

«¡Que haya luz!» una poderosa voz clamó,
y en medio de la oscuridad la primera luz brilló.
Como un fósforo encendido, luego se hizo resplandor
e iluminó el mundo como la sonrisa iluminó el rostro del Señor.
Poco a poco, la luz de la oscuridad fue separando.

Ahora que había luz, Dios estaba entusiasmado
«Hagamos un cielo glorioso», ordenó muy animado.

«Que se extienda a lo alto y a lo ancho en todos lados.
Lo haremos como un tarro de pintura colorido.
¡Tener sólo la tierra sería muy aburrido!»
Y sin mayor esfuerzo, el cielo apareció
como una hermosa burbuja que al mundo protegió.

7

Entonces Dios miró lo que había creado y dijo:

«En esta tierra hay demasiada humedad y pantanos.

Necesitamos caminar sin que nos queden los pies mojados.

Así que, aguas, por favor apártense. Ahora sí se ve ordenado.

Haremos algo llamado "tierra" y también algo llamado "mar".

En lo que se llame "tierra" algo llamado "árbol" crecerá».

Y Dios se entusiasmó. Un solo árbol no bastaba...

Entonces dibujó la tierra tal como se la imaginaba.

Hizo crecer plantas de todas formas y medidas,

desde álamos hasta palmeras, desde rosas hasta margaritas;

nopales mejicanos, espinacas y lilas;

hongos, tamarindos y también algas marinas.

Pintó selvas, cactus y tranquilos bosques norteños.

Y al verlos, Dios sonrió y exclamó: «¡Mmmm, todo esto está muy bueno!»

Luego el Señor dijo: «Lo que

necesitamos para continuar

Son luces en los altos cielos, ¡sí, no pueden faltar!
Las usaremos para diferenciar los días y las estaciones
y los meses y los años. Hay muchísimas razones
para darles un lugar a la luna y al sol
y salpicarlo de estrellas ¡cuánta diversión!»

(¿Acaso repartió con un chasquido de sus dedos
el sol, la luna y las estrellas a lo largo del cielo?
¿O los diseñó, creó y pintó con delicadez infinita?
No lo sé. ¡Mira hacia arriba y decídelo tú, si es que te animas!)

Luego el Señor Dios tuvo

otra idea genial:

Llenar de vida cada océano, río, lago y mar.

«Haremos peces pequeños y grandes, y también gordos y flaquitos.

Los mares se colmarán de animales con aletas y cuerpos blanditos».

13

«¡También tendremos aves!

14

Que puedan volar y zambullirse.

Dar vueltas y remontarse en el aire, ¡ninguno podrá aburrirse!»

¡Y mira! Dios hizo ballenas, peces payaso y dorados.

Y feroces monstruos marítimos con escamas y dientes afilados.

De patas cortas, pingüinos; de patas largas, flamencos.

Dios les ordenó a todos que pusieran cientos de huevos.

Y los pájaros le oían decir: «¡Esto es bueno! ¡Esto es muy bueno!»

Entonces el Señor Dios

dijo muy entusiasmado:

«Tendremos muchos animales, marrones, rojos y anaranjados.
Habrá gran variedad de seres peludos y esponjosos,
algunos tiernos y adorables, otros elegantes ¡y otros horrorosos!

En la tierra habrá anfibios, mamíferos y reptiles.
Haremos cocodrilos, camellos y mandriles,
tortugas marinas, seres que terminen en "saurio" y perezosos;
pandas, cerdos, puerco espines - ¡esto será glorioso!»

«Pero, mejor que eso»,

dijo el Señor con inmensa bondad,
«será alguien a quien crearé y que a mí se parecerá.
Este mundo que he hecho necesita verdadero cuidado;
necesita jardines, granjas y risas por todos lados.

Así que, para este mundo, mi obra maestra,
habrá mujeres y hombres, que cuidarán las aves y las bestias,
también las flores, las plantas, los árboles y los peces.
Y respetarán y apreciarán cada maravillosa especie.

Espero que lo disfruten. Espero que entiendan pronto
que Dios, la Tierra y los humanos fuimos hechos el uno para el otro».
Dios hizo al hombre y a la mujer, y luego de haberlos bendecido
se tiró a descansar, ¡lo tenía merecido!

Ahora que sabes que la Tierra
te ha sido dada sin más
como un regalo para que cuides,

dime, ¿qué harás?